JN013477

芯野球論

打撃は0.2秒間の微修正感覚

インパクトアナリスト
杉浦栄次郎
Eijiro Sugiura

Parade Books

序章

「インパクトは1000分の1秒、
その様々な衝突がドラマの全てを生む」
インパクトアナリスト 杉浦栄次郎

長嶋茂雄の名言

往年の名選手、長嶋茂雄氏の数多い逸話の一つ。バッティングケージで打っている選手に向かって、握った左手をボールに見立て、右手の平で横から叩きながら「バーッとくるボールをパーンと」。なんといい加減な助言だろう。論理的とはいえない氏の直感的な思考回路と、少ない語彙力ならでの逸話だ。しかし多くの元野球選手解説者の弁に、納得することは多くない。その全てが体験論でしかなく、客観的でも科学的でもないことが多い。長嶋氏が言った「バーッとパーン」は体験で得た感覚的表現の極みだが、氏の頭の中にある明確なバッティングイメージが、「バーッとパーン」に凝縮されているのかもしれない。

身体が開く？

これは少し前のテレビ中継でのことだが、右利きの強打者が強振､アナウンサーが叫ぶ。「レフトへ上がった！　大きい大きい！　伸びる伸びる！　入るか！　入るか！　切れるか？　切れそう？　切れたー！　ポールの僅かに左だー！」数秒後、画面にスロービデオが流れ始める。解説者がすかさず「ほらここ、腰が開いてるだろ、これじゃー切れるよ」と得意げにいう。画面の打球は伸びていき、そのままスタンドに入ってしまった。気まずい沈黙……同選手の前打席のホームラン映像だった。

一球一会（造語）

本論の出発点は「一球一会」という考え方だ。文字通り、全てのボールの飛跡（放物線）は一度しか生じない、という意味だ。全ての飛跡とは、投球、内野ゴロ、野手の送球、外野フライ、ホームラン等、グラウンドに飛び交う全てのボールのことで、決して二度と同じ飛跡はない。同じ投手の外角低めギリギリの直球

でさえ、同じに見えても厳密には同じではない。納得し難いかもしれないが、このことへの理解の深さが大切だ。より効果的な新しい練習の考え方と、具体的な方法を生み出す原点だから、この言葉の意味はかなり重要だ。これを前提として、野球のあらゆることを再考すると興味が尽きない。

なお本文中の数字データは『ベースボールの物理学』ロバート・アデア著（紀伊國屋書店）から納得できるものだけ引用した。ロバート・アデア氏はイェール大学物理学教授である。ただ物理の専門家故か科学的な内容分析は評価できるが、表現や語彙が難解に過ぎるので、分かりやすく言い直した。同書で特に物足りないのは、打球飛跡を計算式で論じる際、「バットの芯で捉えたとして」の仮定条件が絶えずつくことだ。

打撃の関する本書の主張は、全てのインパクトは芯点を外れているということだ。当該の本には、如何にすれば芯点の周辺で捉える確率を上げられるのか、その考察は皆無である。

球技の魅力

地球上には自然物として球状のものは存在しない。もしかしたら地球と原子核だけかもしれない。卓球、ゴルフ、テニス、野球、サッカー、バレーボール等球技は多い。最大の地球の上で小さな球遊びに夢中になるのは何故だろう。球体はそれ自体不安定である。あらゆる方向に回転するので変化は無限である。その無限に変化する軌跡に対応する技術を磨いて、相手の意図（悪意）を超えることに充足感を得るのだろう。

外野フェンスぎりぎりの飛球の滞空時間は約５～６秒、投手の手から離れたボールがインパクト点に達するのが約0.4秒だ。この僅かな時間の先を、より適切に予測して対応する技術を競い合うのが球技だろう。

現在よりほんの少し先の未来を予測し、支配したいという欲求は、人間の根源的な本能の一つなのかもしれない。

人の感覚の凄さ

最近は初速150キロ台の投手が多くなった。彼等は

全身の関節と鍛えた筋肉を効率よく使い、人差し指と中指でボールの後ろを舐め下げるようにリリースする。ちなみに振り下ろされるその瞬間の指先の速さは、初速150キロのボールより速いはずだ。オーバーハンドなら、ボールには上向き回転が掛かるが、リリースからホームベースまでに約10回転する。指が離れたボールの点位置は、10回転点分18.44mよりも長くなるからだ。しかも指先がボールを舐めるとき数パーセント滑るはずだ(ロージンを付着させても)。故にリリース時の指先の速度は、人が出し得る最速の動作だろう。

リリースの瞬間の投手の指先の感覚、打撃でのＩＰ（インパクトポイント）への瞬間的な反応、どちらも脳が命令する筋肉の習慣的連続動作だ。しかしその上位で支配しているのが「感覚」であることはあまりいわれない。この感覚を豊かにし、磨くことを絶えず意識しながら練習するのと、定型的で慣れた練習メニューを反復するのでは、大きな差異が生じるはずだ。この感覚育成を意図した効率的育成方法が、本著のもう一つのテーマだ。その練習方法は第6章で具体的に提案する。

より早くより高く

野球選手に限らず全てのスポーツ人が目指すのは、より早く、より高く成長するかだろう。保守性の強い球界では、以前は大卒22歳あたりが収穫期だったが、現在では高卒の18歳が収穫期となっている。スポーツに限らず、他分野の音楽、将棋、囲碁等でも同様で、全ての分野で早期教育化は、ますます強まっていくだろう。

現在10歳の野球少年にとって、この後の8年間こそが決定的で、どのような指導や環境のなかで成長するかは、大きな問題だろう。低年齢ほど先入観や固定概念のない真っ白い感覚だから、指導者側は思慮深い創造力と判断力、先見性が求められることになる。特に低年齢期程、批判力がないのだから指導側の責任は重い。

投力、打力、捕力そして脳力、そして感覚

よく、センスが良い、と表現される。イチロー氏がオリックスに入団した時、そのフォームは駄目（振り

子打法）と2軍に落とされ､2年間冷や飯を食わされている。しかし氏はフォームを変えず、3年目に仰木監督下で1軍に上がり、最多安打記録を達成した。すると有名解説諸氏が一様に言ったのが、彼は天才だ、センスが良いから……、である。また大リーグ移籍時には、あの打法では大リーグの重い球は打てないと、日本の先人達の大合唱だった。全て狭い先入観、固定観念からでた評価だったと思う。

最も注目すべきは、21歳プロ3年目以後、ずっと首位打者であり続けたことだ。これは他に例のないことで、ほとんどの首位打者経験者は、プロに入って5年から10年の経験を積み重ね、大よそ30歳前後で最高打率になり、その後は年と共にじり貧で辞めていく。

だからといって氏の打撃フォームを模倣しても、なんの意味もない。それよりも氏の打撃センス（野球センス）が育成された土壌を、検討してみるのは無駄ではなかろう。特にそのミート感覚を、どのようにして獲得したかを知ることは、非常に有意義だと思う。決して天賦の才能ではないのでは。

CONTENTS

第1章

投力

特別の能力

投力とはより速くより正確に投げる能力だ。最も求められるのはもちろん投手だが、全選手に必要な能力であるのは言うまでもない。なかでも投手には特別の能力が必要である。まず速いボールを投げるための強い自肩、それを100回以上繰り返す持久力も必要だ。これはいわゆる速筋と遅筋だが、その両方をバランスよく持つ者は少ない。相手チーム全員と直接対戦する仕事だから、強い心理面も必要になる。

投手になるための適正を、できるだけ早い時期に意識して、時間をかけて育成する必要がある。速筋と遅筋をバランス良く強化するためには、野手とは異なるメニューでなければならないだろう。これは運動生理学の分野になるが、残念ながら筆者はその分野の知識に明るくないので、投手の育成について、書けることが少ない。

投手のフォーム

投球フォームを大別すると、オーバーハンド、サイ

ドハンド、アンダーハンド、オーバーとサイドの間のスリークウォーターに分けられる。もちろんそれらに境界線はないので、大まかな分類である。

それぞれの長短を物理的に考えてみる。オーバーハンドは外角内角へのコントロールには有利だが、高低への精度は不利だ。理由は縦に振る腕の方向で、内角外角（左右）に狙うことは比較的容易である。例えばダーツは絶対に縦振りだし、ボウリングでは腕を垂直に下げて方向付けをする。逆にオーバーハンドのデメリットは、リリースポイントが前後にぶれることで、飛び出す角度が上下に乱れやすい。つまり左右への投げ分けは有利だが、上下には不利といえる。それと腕の振りを縦にするために、体軸を左側に倒しながら振り下ろすフォームになる。身体への負荷が大きいので、強い体力が必要になる。

サイドスローについては、オーバースローを90度変えたものと考えると理解しやすい。つまり上下の精度には有利だが左右へは不利になる。長所は体軸の横回転（上からみて）が中心となるフォームなので、体力負担は少ない。オーバーハンドでの直球のように浮き上がるボール（上への変化球）は無い。サイドスローの直球は自然とシュート回転になる。

スリークウォーターの投手は多い。角度に境界はないのでスリークウォーターの範囲は広い。オーバーとサイドの長所短所を併せ持つことになる。

スリークウォーターの球質でしばしば指摘されるのが、「直球がシュート回転するのは駄目」である。斜めの腕振りであればシュート回転は自然に生まれる。また「シュート回転して甘くなった」と言われるのは、大抵打たれた時で、インコースに食い込んで打ち損ねた場合は言われない。

投球の意外な事実

初速が150キロ毎時の球は、ホームベースに達するのに約0.4秒かかるが、空気抵抗によって約1割減速して140キロになる。球が伸びるなんてことはあり得ない。指先から離れた後は、物理的な法則に従った飛跡にしかならない。回転の軸方向と回転数を変えても、物理の法則に従った飛跡になるだけだ。ただナックルボールだけは、投手も捕手も審判さえも、予測できない飛跡を描く。確定した回転軸がないため、縫い目の方向次第で、不規則な飛跡を描くからだ。

オーバーハンド投手のストレートは、伸びがあって浮き上がるといわれる。物理的に言うと、ストライクボールでさえ、リリースのときに飛び出す方向は、約90センチ程度上向きに投げ出されていると言われている。つまり高速の直球でさえ放物線を描いて落ちているのだ。オーバーハンドでの直球は上向き回転になるので、揚力が生じて通常の物理的飛跡より、約10から15センチ上を通過する。近年、回転数と球速の計測が容易になり、テレビ画面に表示されるようになっている。いわゆるホップするとか伸びがある、と表現されるボールのことだが、上への変化球と考えるべきだ。太さが6センチ強のバットに対して、充分に空振りさせることが出来る変化だ。その証拠にほとんどの打者がボールの下を振っているし、当たってもボールの下側だから、ファウルチップやポップフライとなる。

また打者のタイミングを外すために、ワインドアップの途中で動きを止めるとか、二段モーションにするという。それで成果があったと思い込むのは自由だが、結果次第の世界だからなんとも言い難い。セットポジションでは2段モーションは当然使えないので、動作を変えたことと、その成果に因果関係はなさそうに思える。

時代と共に

現代では、150±10キロでの投手が増えてきたので、140±10、130±10キロの投手は肩身が狭くなるかもしれない。結果、速度が低い投手には、より厳しい制球と巧みな配球が求められる。当然150キロ台で尚且つ制球が良ければ、何もいうべきことがない。投球時に最も負担が掛かるのは肘である。強靭な筋肉と腱には自ずと上限がある。そのことをも意識しながら維持するという、ストイックな精神力も求められる。薄い氷の上を歩くような状況、つまり割れたらおわりだ。

野手の送球

捕手は盗塁阻止が重要な仕事だが、二塁ベースの右側に投げるためには、左右にぶれないオーバースローが必然だろう。

内野手には投げ方に自在性が求められる。崩れた態勢から、動きながら色々な長さに、しかも角度を変えて投げなければならない。またバックハンドでのトスや、グラブスローも必要になる。ホースアウトでの送

球は比較的ぶれても許されるが、タッチプレイが必要な場合はより、精度が求められるからオーバースローが必然となる。もちろん時間的余裕がある場合だが。

外野手に必要な投力は、より長い距離と精度である。やはり左右へのブレは許されないので、オーバースローが必然となる。

結論としていえるのは、投力にも強さだけでなくコントロール能力が重要となることだ。コントロール能力を上げる、練習メニューは後述する。

投手と打者の対話

良い対話をするには、先ず相手の言い分を聞いて理解する必要があるのは当然の事だ。相手の意図に対応して回答するから対話が面白くなる。相手がどんなに良い事を言おうと、自分の意見をひたすら主張しても、意味ある対話にはならない。

このことを投手と打者に当てはめてみると面白い。例えば、投手が最高の球である外角低めに速球を投げてきているのに、ひたすらホームランを打とうとのスイングをするのは、如何なものだろう。速いボールだからと、それに負けないようにより強く振ろうとする傾向がある。投球が勝っている場合、少し引き下がって軽打に切り替えるとか、ファウルで対応するのが、より有意義な対話にする方法だと思う。アソビとも言える柔軟性を持つべきだ。

打力

正しいフォーム?

本著の主なテーマは打撃力の育成だ。打撃行為は見た目のダイナミックな印象と違って、非常に微妙で複雑である。まず投手のあらゆる意図、(位置的誤差と時間的誤差、配球の工夫) つまり投手の悪意への対応力が必須である。ということはティーに置かれたボール、斜め前から一定に出されるトスには、全く悪意は無いのだから、完璧なフォームで打てるのは当然だ (成長のレベルにもよるが)。

素振りやトス打撃の意図は、正しい打撃フォームを身体に覚え込ませることだろう。ところで、正しいフォームと言われるものが本当にあるのだろうか。ほとんどの野球人が、正しいフォームがあり、それを固めることこそが、打撃の最終目的と信じているようだ。多くの先人達の打撃論も、その前の世代から教えられたもので、自分の体験だけを頼りに、限られた語彙力と表現力で、正しいと信じているフォームを伝える。そこには客観性も発想の転換意識も見受けられない。

インパクトは見えない

打撃行為を分析し解説するのは非常に難しいが、科学的に考えると興味深いものがみえてくる。今や150キロの投球初速は当たり前になっている。ボールとバットの衝突時間は、1000分の1秒でしかない。これは速い遅いに関係なく同じ衝突時間だ。大きなエネルギーを持つボールとバットが正反対から衝突するその間、バットは約2.5センチ前に動く。ちなみにテニスは1000分の4秒、ゴルフは2000分の1秒の接触時間であることが証明されている。

このことから分かるのは、決して人の目ではインパクト（接触点）は見えないという事実だ。人の目はそれほどには優秀ではない。では打率3割と2割、この1割の差異が生まれる要因は何だろうか。動体視力の差と言う者もいるが、現実にはだれもインパクトを見てはいない。かつて長嶋監督の巨人軍で、動体視力を強化する器具らしいものが、取り入れられたことがある。その後絶ち立ち消えたところをみると、効果は無かったのだろう。視力は悪いより良い方が良いのは確かだろう。球を捉える能力（球捉力）に大事なのは、見る力ではなく観る力だと思う。

全ての打撃は芯を外れている

ボールをバットの芯で捉える、まさにこのことが全ての野球人が追求する、唯一無二の目的であろう。ところで球と円柱体の衝突だから、物理的に言うとその接触は点ということになる。もちろん芯で捉えられたボールは、約半分近くに変形するが、その接触面のなかにも芯点があるのだ。

さて「点には大きさが無い」は数学の公理だが、全ての衝突は芯点からなにがしか、外れていることになる。決して当たりか外れ、つまり白か黒ではなくて、全てが芯からある程度（この外れ度合いの大小こそが問題）外れているものと考えるべきである。

ホームランを打ったヒーローのインタビューで「一年に一度の当たりだった」とか「芯を外したが力で押し込んだ」などといわれる。つまり芯点での理想の衝突は非常に稀で、その外れ度合いが無数に存在することになる。真芯を黒とすると、真っ黒と真っ白の間を埋める部分を無階層のグレーと考えると分かりやすい。つまり打撃行為は正解か不正解ではなく、ベストでなくベターを目指す、しかないものではないだろうか。この視点で打撃を考えてみると、練習意図と練習内容を

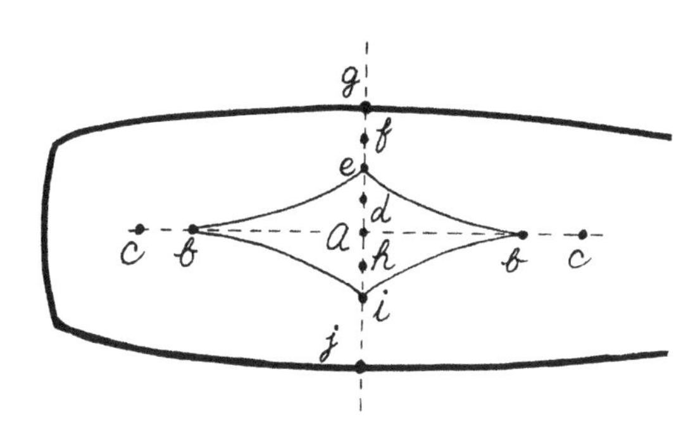

変えざるを得ない。

図の中央のひし形を芯周辺エリアとした。投球に対して垂直に衝突したとして、打球結果を推定した。良い当たりがヒットになるとは限らない。野球ゲームの約３割は偶然が支配しているのかもしれない。

a 最速の打球が投手直撃

b 投手へのハーフライナー

c 木バットは折れる、金属バットは手がしびれる

d センターライナー、遅いスイングでセンター前ヒット

e 高い軌道のホームラン、遅いスイングでフライアウト

f 高い内野フライ

g バックネットか捕手マスク直撃

h 投手への速いゴロ

i 投手ゴロ

j 捕手の下腹部直撃

アッパーかダウンか

　この問題は微妙だが、科学的に考えてみると簡単に納得できる答えがみえてくる。投球されたボールの飛跡は、ストレート（オーバーハンド）でさえ約10度で落ちる放物線になっている。スピンの多いホップする程のボールでさえ落ちているのだから、カーブはより落ちる飛跡になる。

　地面に対して10度で落ちる飛跡に対して、もっとも確率高く捉えられるスイング軌道は、そのボールの飛跡に沿った10度上向のスイングになる。つまり約10度のアッパースイングのことだ。ボールの飛跡ラインとバットの飛跡ラインがずれている程、球捉確率は落ちるのは当然だ。つまりアッパーでもダウンでも、極端な角度のスイングは不効率となる。

　長い間、日本ではダウンスイングが強く推奨されてきたし、現在も信奉者は多い。誇張したかのような不自然なダウンスイングの素振りをよくみかける。その理由は、脇を締めて最短の軌道でのスイング癖を付けるためとか、打球に逆スピンが掛かりやすいとか、強いてはアッパースイングになるのを防ぐため、等がその理由のようだ。ところが多くの実打のフォームを見

ると、意外にダウンスイングになっていなくて、レベルスイングやアッパースイングが多い。特に大リーグ選手はほぼ全員アッパー気味にスイングしている。

長年の間、無数のスイングで身体に覚え込ませたスイング角度を変えるのは難しい。だからこそ、低年齢期程、安易にダウンスイングを教えることには、慎重な配慮が必要だと思う。

分かりやすくするため少し誇張してあるが、衝突の基本原理である。球を捉える確率を高めるには……。

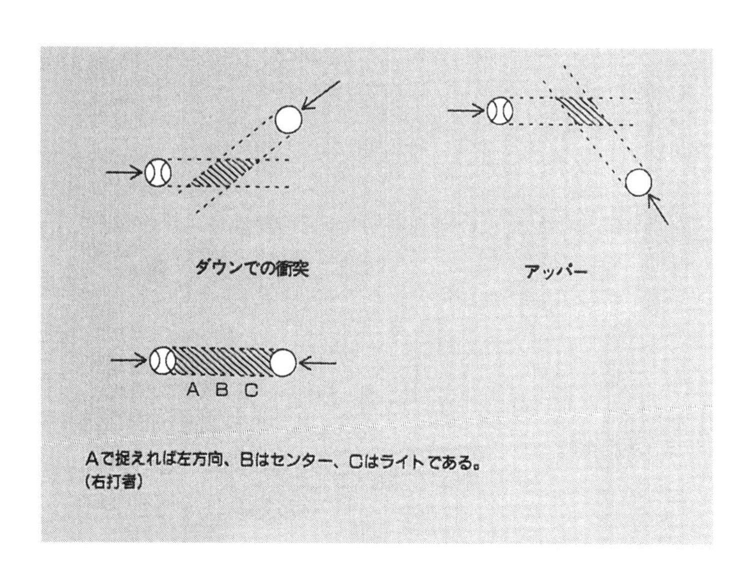

Aで捉えれば左方向、Bはセンター、Cはライトである。
（右打者）

ＪＰの位置にはほとんど差異がない

投手の指から離れた球の初速が157キロの場合、ホームベース上では約144キロになる。プレートからホームベース後端まで18.44メートルだが、投手の踏み出す歩幅を約1.5メートル、ＩＰ（インパクトポイント）はホームベースのほぼ前端辺りとすると、球が空中にあるのは約16.4メートル、それに要する時間は約0.4秒であることは記憶していてほしい。

打者のスイングは、投手のモーションに合わせて始まる。暗闇から予告なしに突然150の球が出てきたら、おそらく誰も打てないだろう。投手側の脚を踏み出す時、打者によって様々に異なる動作になっているが、着地する瞬間に、振るか止めるかの判断をする。静止するこの瞬間をＪＰ（ジャッジポイント）と名付けるが、この瞬間のグリップエンドの位置は、ほとんど同様である。プロ選手に限らず、小中高大等、ほとんどの者の位置は似通っている。

暴言と思われるかもしれないが、同様の位置に揃うのは、極自然なことだと思う。歩ける人間が走ろうとすれば、同じような動作になるのと同様なのだ。結論めくが、ＪＰ以前の構え方やバットの動き等の予備動

作には、かなり個人差が大きい。これは単なる習慣の産物で、個人の癖でしかない。

最も重要なのは上記したＪＰからＩＰ（インパクトポイント）までの動作とバットの軌跡だろう。プロレベルでも、ＪＰからＩＰまで約0.2秒が必要だ。つまりマウンドとホームベース間のほぼ中央辺りで、振るか止めるかをジャッジしなければならない。もちろん投球が速いほど、ＪＰの位置は投手寄りになるだろう。また打者は0.2秒を、できるだけ短くするよう、スイング速度を速くする努力をするのは必然だ。

筆者は有名プロ打者30名の同じカメラ位置からの連続写真を精細に調べてみた。各連続写真のなかから、踏み込み脚が着地するシーンを並べてみると、グリップ位置がほぼ同じ位置で静止して構えているのが分かる。これは無数の打撃経験から、自然に収斂されて獲得した位置だと思う。全ての打者にとって、合理的な位置だからこそ、似通った位置になっているのだろう。

つまり、ストライクゾーンの四隅に、対応可能な位置に構えるのは、打者の本能であるのは間違いない。ちなみにフォーム改造で「グリップエンドの位置を高く変えた」と言われるが、いくらＪＰ以前の動作のなかで構えを変えても、ＪＰの位置では元の位置に戻っている。つまりＪＰ位置は本能にまで同化しているはずだから、意識的に変えるのは不可能で、あえて変える努力は徒労でしかなく、慰め程度の効果しかない。

ＪＰ（ジャッジポイント）からＩＰ（インパクトポイント）の間が打撃の全てであって、それ以外のことにこだわって、練習時間を割くのは効率的ではないと思う。またＪＰ後のフォロースイングが大切と言われるのも、全く無意味である。フォロースイングはＩＰでの衝突の結果でしかなく、良いミートであれば、意識しなくても大きなフォロースイングになるからだ。逆

に悪いミートの場合、バットはＩＰで止められてしまうし、先端や根本での悪いミートなら、バットが折れてしまう。

ところで野球技術本が多く出回っていて、コマドリ写真で詳細な分析が論じられているが、注意すべきは、使われている写真は全て有名プロ選手の打撃フォームばかりであることだ。暗示効果はあるかもしれない。しかし彼等有名打者達でさえ、フォームはかなり異なっている。打撃フォームに、正解などあり得ないということの証左といえよう。似通ったフォームで頑張っている2軍以下の選手達も、大差はないのだ。

では何故、2割と3割、この1割の差が生まれるのだろう。その理由に焦点を合わせた打撃論はあまり耳にしない。ＪＰでのグリップエンドの位置と構え方、素振りの形は似通っているのに、何故この1割の差が……？

ＪＰでのバットの角度

ＪＰ（ジャッジポイント）でのグリップエンドの位置には大差ないが、静止するその瞬間のバットの角度は、打者によって、さまざまである。バットの角度とは打者の正面から見て、投手側へ倒す角度のことだ。

ＪＰでバットを投手側に倒す選手は多い。メリットはインパクトポイント（ＩＰ）までの距離が大きくなるので、バット速度をかせぐことができる。つまり、より強く球を打ちたいのだ。腕力差にもよるが、ＪＰからＩＰまでに必要な時間は、軌道の長さに比例する。同一人物なら間違いなく長くなる。故に腕力を強化することに、時間を費やすのは理解できる。

角度が大きい打者の意識は長打だろう。当たれば大きいが、三振が多いタイプで、打率はあまり望めない。

逆に倒さない選手の場合、ＪＰからＩＰまでの距離が短い分、ミートには有利だが、バット速度では不利となる。強打タイプでなく、ミート主体の好打者を目指している者に多いのは間違いない。

もう一つのＪＰでの相違点は、投手からみてバットを立てるか寝かせるかだ。打者が目指す方向性に大きな意味を含んでいる。立っている者の意識は、低めのＩＰだと思う。高めへの速球に対してのミートが悪くなる傾向がある。逆に寝かせる打者は、高低のＩＰ幅が広いので、ミート率が上がる。イチロー、現役では西川選手（広島カープ）等が好例だ。

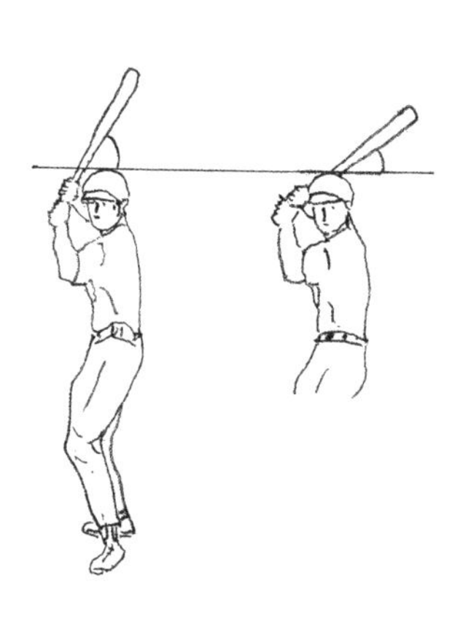

理想のスイングと現実

良いスイングの条件の一つは、できるだけ短い時間に最速のバット速度を得ることだ。打撃スイングとは、バットから遠い関節である足指から始まり足首、膝関節、股関節、腰椎、脊椎、肩関節、肘、手首の順に連動して、最大加速を得ることだ。

素振りの反復をすることで、それぞれの関節に附随している筋肉と腱が強化されるのは確かだ。理想的なスイングを反復することで、本能的といえるレベルにまで身体に記憶させることに、疑問を持つ者はいないだろう。疑問どころか不可欠の練習メニューである。もちろん肉体的に不十分な成長過程にある者にとっては、必要なトレーニングなのは当然である。

身体の部位を下から順番に使った理想の素振りを身体に同化させることは、本当に打撃力を上げる最善の方法なのだろうか。批判を覚悟でいうと、正しい素振りを覚えすぎることが、逆に「大切な何か」が育つのを邪魔しているのかもしれない。つまり振ると打つ(ボールを捉える)は違う次元の行為だと思う。投球の差異に対応するために、どこかの部位を省くスイング、理想ではないスイングこそが、より必要ではないだろ

うか。

恒常化した練習

素振りに次いで多いのが、ティーに球を乗せて打つティー打撃、斜め前の近くから一定の緩い球出しを打つトス打撃の練習もよく見かける。いずれも完全なスイングで打つことを意図している。

成長年齢のあらゆる過程において、素振り、ティー、トスは常識的な練習メニューになっている。全ての先人達がやってきたし、現在もやっているのだから、安心感が持てるのだろう。しかし他者に優ることを目的とするなら、同様の内容で良いのだろうか。特に低年齢期に得た打撃感覚ほど、将来の成長の上限に大きな影響を及ぼすはずだから。

ところで上記の三つの練習方法（素振り、ティー、トス）に足りないものは何だろうか？　投手側から考えると簡単だ。「現実度」だ。投手の意図は時間的誤差、位置的誤差、加えて配給にも工夫して、理想でないスイングをさせること以外にない。

素振りは打たないのだから論外だが、ティーアップでの打撃もほぼ無意味だろう。(成育の程度差にもよる) 前からの短いトスでの打撃は、動くボールを打つ意味では、他の二つより少しましだ。ただ危険回避のため、トスの速度、コース、高さ等を変えたりできない。つまり悪意のない球だから、できて当たり前だ。もちろん出来ていないレベルの者には、それなりに意味があるだろうが、スイングの固定化が目的だとしたら、人並みである。

スイング感覚でなく球捉感覚を育てるのなら、他により適正な方法があると思うのだが。

速い打球を得るには

打撃の目的は速い打球を得ることだ。決してホームランを打つことではない。理由は簡単で、守備者の可動範囲を狭くするためだ。速い打球がたまたま上向き20度から25度に出れば、所謂ホームランと呼ばれる結果になるだろう。

速い打球が得られる要素は、①バット速度、②バットの重さ、③ミート精度、の掛け算である。投球の速度差も変数の一つだが大きな要素ではない。残念ながら

この三つは相容れない要素なのだ。例えば、バットの速度と重さがあっても、ミートが悪ければ打球は遅い。ミートが悪いと折れることさえある。また重いバットほど急加速し難いのは当然だし、スイング途中の微修正が難しいのでミート精度が落ちる。

スイング速度は、静止位置（ＪＰ）から打点（ＩＰ）までに、どれだけの速度が得られるかが重要で、打点以後のフォロースイングがいくら速くても意味がない。よく「フォロースイングで運んだ」との解説を聞くが、見た目について言っているだけだ。なにしろ打点での接触時間は1000分の1秒しかない。インパクト後にいくら大きくフォロースイングしても、既に打球結果は決まっている。良いミートの場合、つまり効率の良い衝突だから、インパクトでスイングは止まらない。慣性でフォロースイングは大きくならざるを得ないのだ。

軽いバットのメリットは、より加速しやすく微修正がしやすいことだ。ただし重いバットに比してより精度の高いミートが必要になる。つまりこの三つは相反する要素なのだ。ただしここでいう重い軽いは、打者の体力との相対的な意味で、絶対的な数値ではない。誰もがホームラン打者を目指すかのような打撃指導は、如何なものだろう。

結論としては、強打者志向なのか、好打者志向なのかを早期に自覚することが大切だ。バットは各人の体力と腕力、そして目指すべき打者イメージに合わせて、適正なものを選ぶべきと思う。しかし何故か一般的に重過ぎるバットを持つ傾向があるようだ。その重さにたどりつく理由は熟慮した結果ではなく、長い習慣と周囲の影響でなんとなく決められているようにみえる。より重いバットを強振する強打者志向が、評価される傾向は否めない。

200キロを打つ老人

時速200キロのマシンボールを､70歳代の男性が当たり前のように打つ映像を見た。このことはある意味打撃行為の真理を示していると思う。その初老紳士は球速に押されるとか、つまるとか、差し込まれるとかが全くない。スイングは遅いのだが、見事に芯で捉えてライナーを連発している。彼はマシンのアームの動きに反応して、ボールが発射される少し前のアームの位置に合わせて、振り始めている。つまり一定に飛来するボールなら、いくら速くても反復してタイミング

を覚えてしまえば、捉えることが出来るという典型例だ。

またノックの名手と云われる、60代の男性のテレビ放映では、信じられない精度でのノックだ。例えば、サードベース上にヘルメットを置いて、それをダイレクトにもワンバウンドでもツーバウンドでも当てることが出来るのだ。大リーグからオファーがあったほどの人らしい。球を円筒状の棒（バット）で打っているとはとても信じ難い。これを可能にしているのはもちろん無数の反復だが、自分がトスするボールの位置と高さ、つまり打点に狂いがなくて、彼にとって置かれている状態に近いのだろう。

この二つの事象から得られる教訓は、打たれる球に何等かの意図が含まれていなかったら、容易に捉えて打つことが可能ということになる。しかしこの名人二人は、投手のリアルな投球では全く打てないだろう。

固めるのか崩すのか

フォームを固めるのは良いことだろうか。異口同音で大切と言われる。打者の目的はバットに当てることだから、いくら理想のスイングをしても、当たらなければ意味がない。投手は理想のスイングで打たせないように投げる。つまり崩そうと意図しているのだから、崩したスイングは必然のことだ。

　すると「崩すのは基礎を固めてからだ」とお叱りを受けるのだが、ではどれ程に固めてからなら、崩して良いのだろうか？　その境界があるのだろうか。「正しいフォームを固める」、は打者の常識だろう。

　視点を変えて、この正しいフォームを教え込む前に、崩すフォームも、同時に身に付けていくという発想はないだろうか。固め過ぎてから崩すのは難しいと思う。暴論と非難されそうだが、できるだけ早期に崩すスイングに、比重を置いて練習すべきだと思う。適切にリアル度が配慮された球を打つことで、球捉感覚は育つのだ。素振りでなく打つのだ。素振りの時間を、創意と工夫で、できるだけ打つのだ。イチローの章で書くが、「振るより打つ」、に変える勇気と冒険は、大変有意義だと思うのだが。

打撃のまとめ

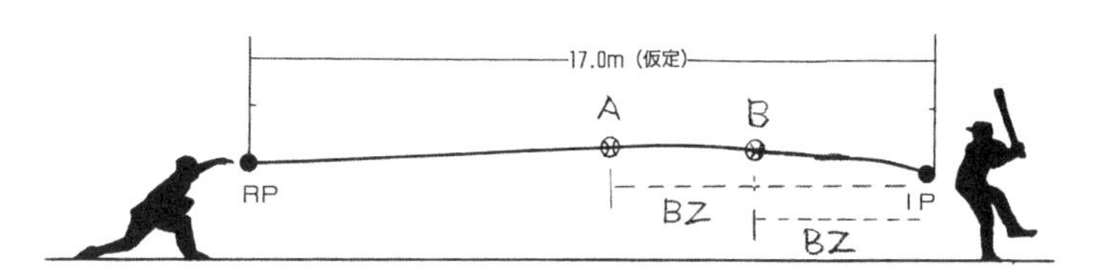

RP:リリースポイント　JP:ジャッジポイント　IP:インパクトポイント
BZ:ブラインドゾーン

上図をよく見てほしい。打者はＲＰとＩＰ間のどこか、つまり投球軌跡のどこかで、打つか止めるかの判断をする。球速が大きいほど投手側で、遅いほど打者側で判断することになる。ＪＰのＡ点（速い球）またはＢ点（遅い球）からＩＰの間は、球軌跡を視認できない範囲（ＢＺ）なので、予測に頼ってＩＰに向かってスイングをスタートすることになる。速い球程、ＢＺが長くなるので、捉え難くなるのは当然である。もちろん打者は、ＢＺの軌跡も見ることはできるが、既に動作は始まっており、仮に認識したとしても、生理的な機能として脳の修正命令は間に合わない。全ては0.2から0.4秒以内の出来事なのだ。

よく手元まで引き付けて、とかインパクトまで目を離すな、とか耳にするが、これは単純な意味での見る能力を言うのだろう。説明が微妙だが、見る、より観る、そして感じるに近い世界、つまり感覚のレベルの出来事だ。

ＩＰにティー球を置いてフォームのチェックすることに、意味があるだろうか。打撃行為の部分を切り出しての修正作業は、分かりやすいので、説得力があるかに思えるのだろう。

忘れてはいけないのは、ボールとバットが正面衝突するＩＰゾーンでの出来事は、総体として250キロ毎時以上（球速150,バット速度100として）のなかでの、0.4秒以下の現象であることだ。打撃の要点はこの濃密な瞬間を予測する力、感覚力にあると思う。この予測力を他者以上に、より早くより高く育てる育成方法はないだろうか。聞くところ、日本プロ野球選手の平均寿命は27歳とのことなのだから。

捕力

捕力とは

文字通りボールを捕る能力だ。内野手では様々なゴロ、痛烈なライナー、高く上がったフライ等だ。ゴロとライナーは、瞬間の判断と動作力が必然である。一球一会の考え方から、ここでも正しい捕り方はないといえる。体験で記憶量を増やすことしかないだろう。100本ノックと称して、ヘトヘトになりながら練習しても、心理的な満足感でしかないと思う。何時どんな球が飛来するのか分からない状況で、瞬間に反応する感覚が大切だろう。練習方法は後述する。

捕手への高いフライ

捕手の真上に高く上がった打球に対して、彼らはマスクを取って直ぐに反転してバックネットの方に向く。強く擦った回転の多い飛球だから、頂点から戻ってくるのを、体験上知っているのだろう。

内野フライ

内野でもっとも難しいのは高く上がったフライだろう。例えば投手の後方辺りに高く上がった打球は、芯の上側に当たった結果として高く上がるうえに、強い摩擦で通常打球ではない程に回転が掛かっている。しかも滞空時間が長くて、加速しながら落下してくる球は、センター側に変化する。その結果、背後に落球したり、あわてて飛びついて捕る姿をよく見かける。残念ながらノックでの内野フライでは、回転はあまり多く掛からないので変化が少ない。上手なノッカーであれば擦って回転を掛けることが出来るが、現実の打球のようには高くは上がらない。回転のないフライに慣れてしまうのが、ミスの原因になるのだ。

もっと難しい打球がある。例えば左打者が外角低めを打ち上げたケースだ。3塁コーチボックス後方辺りに高く上がったフライで、サード、ショート、レフトの3人が追う打球だ。この打球も回転が多くて、縦方向だけでなく横回転の要素が含まれている。打球の飛跡は上がりながらスタンド側に切れて、落ち始まるとグラウンドに戻りながら後方へ曲がる。追い過ぎて背後に落とすことが多い。

外野フライ

外野手は走る距離が長いので走力もより求められる。守備範囲が狭いと長打になってしまう。野手は打球が上がった角度と方向を見て、音質から当たりの程度も推測する。スタート直後では落下点は曖昧だが、追いながら微修正を繰り返し、より正確な落下点に向かう。落下点へ直線で走るのが理想だが、そのためには上がった直後の早い判断が最も重要だ。この判断は感覚レベルのことだから、実打球でリアルケースを多く体験することが一番の練習になる。後述する。

第4章

イチロー氏から得るべきもの

野球力

氏の野球能力（投打捕他）を、天賦の才能で片付けるのはあまりに軽率である。野球能力という表現が許されるなら、打、投、捕、走、判断力、これ程に全てを持っている野球人は稀有である。氏がその野球力とセンスを、どのように獲得したのかが分かれば、同じレベルになれると考えるような単純な発想では、理解が難しい。何故なら氏を育てた最も大きなものは、全人格と脳力だから、模倣しようもない。ただ本質に触れるのは難しくても、その一部分からでも従来にない、何かしらのヒントが得られるかもしれない。

天才ではない

氏にまつわる本は多い。そのなかからは遺伝的要素としての優位性を､両親から得たとは読み取れない。ということは、成育過程での全ての体験から形作られたのであって、決して天賦のものとして、片付けることはできない。複数の伝記的文章から、誇張と脚色に配慮しながら共通した部分を洗い出すと、野球全般につ

いて氏を育てた土壌が、従来のそれとは異質であることが分かる。

打についての成績結果は、今更述べるまでもないが書いてみる。

1.少年野球時代、投手、4番
2.中学校、投手エース、3番、学業成績10位以内
3.高校時代、1年サード、2年レフト、3年投手、高校3年間の打率0.501、ホームラン19本
4.オリックス1991年ドラフト4位入団、1992年0.366(2軍)、1993年(2軍1軍)、1994年(1軍)、0.385、210安打で日本新記録、以後の日本とアメリカでの成績はウェブ等で参照。

1994年は、オリックス仰木監督就任で1軍に定着した年の新記録である。その年と翌年の打撃内容を分析(筆者)してみた。

1994年の打撃結果(次ページ)だが、まずは見事に全方向に打たれているのが分かる。1994年本塁打は13本。内野安打は164本。1995年25本。123本。

1995年で興味深いのは、安打数は減ったが、本塁

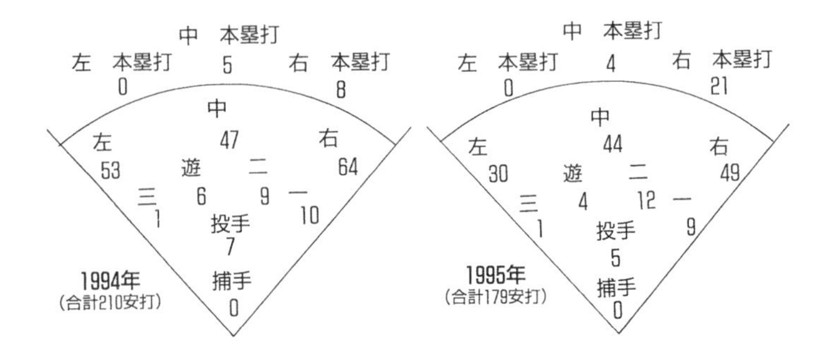

打が倍増、内野安打がかなり減っていることだ。筆者の推測だが、氏の意識が短打から長打側に変わったのかもしれない。左方向への安打が減っていることからも、それがうかがえる。いずれにしても、ボールを捉える感覚の凄さは並外れている。

芯で打つ快感

イチロー本に共通する記述には、小学４年生頃から父親の投球をひたすら打ち返すことを繰り返した、とある。簡単に言うと、彼はバットを振ったのでなく、ボールを打ったのだ。正しい素振りを固めるのでなく、打つことで球捉感覚を豊かにしたのだろう。トス打撃のような、善意での投球ではないボールを打つことで、

投球に対する柔軟な対応力、つまりバットコントロールを育てたのだろう。たかが小学生時代の打撃行為、と考えるのは見当違いで、この年齢期だからこそ、その後の成育の核的なものになるのだから、大きな意味があると思う。

例えば、音楽はもとより囲碁将棋等の世界でも、幼少期から実戦環境（主にインターネット）が当然のものとして与えられているから、これまでの上位者の居場所が狭くなっている。

イチロー氏の心中は分からないけれど、ボールを芯で捉えた時に得られる快感は、純粋な少年の感性を磨き、意欲の持続に貢献していたのかもしれない。少年時代に球を捉える快感を知ったことは、もはや練習は苦痛ではなく、楽しみだったかもしれない。氏の完璧を求めるかに見える気質から推測しても、うまく捉えられなかった時の不満感が、より上昇志向を煽ったに違いない。

平均的に彼の打球飛跡は高い飛跡は少なく、ライナー性が圧倒的に多い。打ち出す上下への角度幅が狭いのはミート力の証拠である。あらゆるストライクゾーンに、最短時間でバットを出せるスイングに収斂されていったと思う。空振りが少なく、低い飛跡でボールが飛ぶのだから、打率が上がるのは当然である。

高打率の理由

イチロー氏の打率を支えている、もう一つの理由が内野安打である。バットの下面に当たれば、弱い当たりが内野に転がる。打撃としてはミスの範囲だが、空振りの三振でないことの意味は大きい。バットの上面では凡フライになるので、ヒットの可能性は上がらない。

氏は特別に脚力が優れているのではないにも関わらず、一塁までの到達時間が、3.6～3.8秒と非常に短い(NHK放送の大リーグイチロー全安打から計測)。バントヒットの時は3.6秒、スイングした時が3.8秒なのだ。大リーグの速い選手の一般的平均値が、約4.0秒であるのに比べて大きい差である。絶対的脚力の故ではなく、スイング後のスタートダッシュが速い。これは体重対筋力比が高いのだろう。

一塁への到達時間が短い最大の理由は、打撃フォームが他選手と根本的に異なることだ。筆者の知る限り、誰もこのことを指摘していない。現代の多くの打者は、後ろ脚に体重を残して、その位置で回転するフォームである。ちなみに話題の大谷選手ももちろんこのフォームだ。後ろ脚を中心に回転する打法は、長打を意図したフォームだと思う。差はあるが、皆一様にアッパースイングである。大リーグ選手のほとんどがこの打法だ。

イチロー氏のフォームは、踏み込む右足（投手側の脚）に平行に体重移動する、いわゆる振り子打法と言われるものだ。当時も今も、軸が動くスウェー打法として否定されている。ところが、前足に体重が移動している故、スイングの終わりとスタートのステップ動作が繋がっているのが、大きな利点になっている。その上、左打席は一塁まで近いから尚更有利だ。正反対の例をいうと、右打席で後ろ足体重でアッパースイングした後、スタートする姿をイメージすれば明白だろう。

ちなみに、投手側の足に体重移動する打者に、かのベーブ・ルースがいるのは非常に興味深いことだ。現代の打者のほとんどが、後ろ足体重であるのは何故だろうか？　是非一度考えて

みていただきたい。

親子鷹か親子馬鹿か?

親子鷹では通常「振り切れ」「数が大事」と親から強いられ、正しい素振りを繰り返している。本当に正しい素振り、はあるのだろうか。確かに振る程、関連する筋肉は強化されるし、より重いバットであれば、トレーニングにもなるだろう。しかし正しい(?)フォームでの素振りの反復は、バットコントロール能力の強化、つまりミート力の成育には決して効果はないだろう。

親の側に注意してほしいのは、多く溢れた情報の正否を、もう少し客観的に判断してから教えるべきだろう。特に経験者の場合、自分の経てきた道を無批判に押し付けるのは如何だろう。

少なくとも、多くの野球人が踏み固めた道を進むより、そこから外れた道を試す方が面白いとは思わないのだろうか。正しさを押し付け、フォームを固めさせる努力は、逆にバットコントロール能力の成育を、邪魔してしまうのかもしれない。

怪説の解説

プロ野球や高校野球の中継時、解説として当たり前のように使われている定説や決まり文句を、科学的かつ客観的な視点から解説してみる。

野球競技の技術レベルは、5年、10年単位で進歩している。ただ野球は相対競技で勝ち負けを争うわけだから、いつの時代でもそれなりのレベルで盛り上がるので、楽しめる。概ね130キロ台だった時代の感覚で、150キロ台が普通になってきた現代の野球を、古い感覚で適切に解説するのは難しいと思う。時代は急激に進み変化しているから、解説者諸氏にも過去の体験談だけでなく、先取りする感覚が求められると思う。

体重の乗った重いボール?

投手の指先から離れた球は、初速、回転の方向と回転数だけだ。回転量は球質（変化）を決める大きな要素だが、投手の体重が球に乗り移ることはあり得ない。

硬式球の重さは141.7～148.8グラムと規定されている。重い球質と表現されるのは、太目の体型で速球型の投手に対して言われることが多い。一見重そうに見えるのも分かる気がする。球が速いということは、当

然腕の振りも速いはずだから、回転も多く掛かる。つまり速くて変化量が大きいから、当然打者は芯で捉え難い。結果、手に衝撃を受けて重いと感じるのだ。逆に球が遅いのに重い球質はあるだろうか？　普通に考えると無い気がする。

ところがナックルボーラーと呼ばれる投手は特別だ。彼等の球速はおおむね120キロ以下で、意図的な回転を掛けない。投手本人も捕手も審判も予測し難いほどに、不規則な飛跡になる。捕手が捕れないような変化だから、当然打者は芯で捉え難い。結果重く感じるわけだ。

また球威でバットが折れた、ともよく言われる。仮に120キロ台の球でも、強振して根本辺りや先端で打つとバットは折れる。ただチップだと投球のエネルギーが逃げるから折れない。

バットに乗せて運ぶ？

ホームランのなかでも、高い飛跡で遠くへ飛んだ時に言われる。球とバットの接触時間は1000分の1秒でしかない。芯で捉えた時、その瞬間ボールは約半分に変形し、その間バットは2.5センチ前に動く。この瞬間の出来事を、意図してバット乗せるとか、運ぶとかはあり得ないはずだ。物理的計算では仰角35度で打ち出されたボールが最も遠くに飛ぶ。これより少し大きい角度の場合は、バットの上面に当たったため、バックスピンがより多くかかる。ボールは空気をかき混ぜるので揚力が大きくなり、重力に逆らいながらゆっくりと落ちてくる。その為、より滞空時間が長くなり、乗せて運んだかのように見えるのだろう。

手打ちは駄目?

こう言われる理由は、正しい打ち方があると信じられているからだ。極論に聞こえるかもしれないが、全ての打撃動作は異なっている。例えば外角低めのボールを、泳ぐようにスイングした場合、通常のフォロースイングはし難い。インパクトの後、片手だけになることもあるが、それは自然な動作なのだ。ホームランを片手で打ったかに見えるが、リプレイを見るとインパクト時までは両手で、その後は打点が遠かったがため、フォロースイングが片手にならざるを得なかった

だけである。ただ崩れたフォームで打った分、ミートはかなり良かったはずだ。

落合氏（3冠王3度）のスイングは、左脚を3塁側に踏み込み、腰を開いた態勢で、残した肩、肘、腕、手首でのスイングで、ボールを捉えて好打していた。もちろんインサイドのボールは、見事にレフト方向へフルスイングしていた。

ホームランのスイングは美しい？

まず何をもって美しいと評価するのかが分からない。筆者の感覚では、むしろ投球なりにフォームを崩しながらの打撃こそが、美しいと思うのだが。

ところでホームランと規定されているフェンスまでの距離は、球場によって全て異なる。野球はルールが複雑で厳密な競技だが、球場の広さや形が、定まってないのは不思議なことだ。

ホームランが生まれる第一の必須条件はミートだ。長距離打者でなくても、プロレベルのバット速度に良いミートが揃えば、速い打球が生まれ、適正な角度に飛び出せばホームランになるはずだ。合理的な衝突だと、バットのエネルギーがインパクトでボールのエネルギーを圧倒する。その結果バットは止まらず、素振りをした時のように、自然とフォロースイングが生じる。その様を大きなフォロースイングで運んだと表現する。決してフォロースイングを意図して振る打者はいないと思う。

詰まる、押される、差し込まれる?

凡打した時、つまり初速の遅い打球の時に言われる決まり文句だ。詰まると押されるは、バットの縦軸での真ん中辺りで、先端か根本に外れたため、球威に負けてしまい打球が遅い時に言われる。単純に芯周辺から大きく外れた結果でしかない。差し込まれるは振り遅れて、右打者ならファースト側へのファールになったときに言われる。またバックネットに飛んだ時に言われる場合。バットの芯周辺から上下に当たった結果でしかない。

甘いスライダーはよく飛ぶ？

カーブやスライダー（区別が微妙）は、打者から離れていく変化球だ。多くは予測していた速球より遅いので、ＩＰは前気味になる。ＩＰが前になった分、バットはより加速され速度がより大きくなっている。そこで合理的な衝突をすれば、間違いなくレフト方面に速い打球が飛び出すのは必然だ（右打者）。決してライトに大きな当たりは飛ばない。

打撃フォームを固める？

フォームを固める、この決まり文句は金科玉条といえる程に、打者にとって最も大切な決まり文句だ。フォーム至上主義は、野球に限らず多くのスポーツ競技に、根強く幅を利かせている。実際には固めるのでなく崩すべき、ではないのか。というより崩さざるを得ないのがフォームではないだろうか。

投手はできるだけ不完全な打ち方、つまり崩れた打ち方をさせるための努力をしている。それに対して固める意識で反復するのか、崩す意識でやるのか、さてどちらの可能性が大きいのだろうか。崩すと言うと聞こえが悪いが、柔軟にと言えば如何だろうか。

多い反論は「崩すには基本が出来ていないと駄目」である。基本が大切なのは理解できるが、さてどこまでが基本で、どこからが応用になるのか分別できるものだろうか。実績ある先輩諸氏が、スランプの時に基本に戻って、走った、振り込んだ、などと言う。胸の勲章が大きいほど、その威光での影響は大きい。スランプ脱出の方法は誰にも分からないものだと思う。

左打者の打球はよく切れる?

これは単に気のせいでしかない。左打者のレフト線への打球には時計と反対回り（上から見て）の回転が必ず生じる。右打者のライト線はその逆だ。それでは左打者の左中間辺りへの打球はどうだろう。レフト線ほどではないが、当然回転が生じる。特に左打者のインサイド低めのＩＰでのレフトへの打球は、より横回転が掛かるので曲がりが大きい。

結論としては、全ての打球には全て異なる回転軸と回転量が生じているので、何らかの変化する軌跡にな

る。右打者のもライトへの打球も同じである。左だけが多く切れるはずがない。

芯はボール2個分？

2個分の意味は、大よその範囲を指す意味でしかなく、明確な範囲ではないし、境界などない。またこの2個分の中でさえ、当たりの差があるはずだ。反発力は、芯点を中心とした範囲で、グラデーションになっていると考えるのが自然だ。当たりか外れ、つまり白か黒ではない。なお芯点の位置は、バットの重心位置ではなくて、それより少し先端寄りにある。スイング時はバットと腕を含む運動体だから、静止したバットでの重心より少し先端側になる。つまりスイートスポットの位置は永遠に不明といえる。

ダウンスイングでないと？

これが推奨される第一理由は、打球にバックスピンが生じて飛距離が伸びるということだ。確かに投球に対して、上からのバットスイングであれば、擦ることになるので回転は多く生じる。第二の理由は、ＩＰへ最短距離でバットを振ることが出来ること。ヘッドが下がってアッパースイングにならないために、ダウンスイングが勧められることもある。

打撃で最優先されるべきことはミートだろう。ミートの確率を上げるには、投球が描く飛跡の延長線上を、バットが振られるのが最も高効率になる。投球が描く放物線には差異はあるが、全て少し落下する放物線である。オーバーハンドでの直球でさえ落下する放物線を描く。故にスイングは少し上向きの方が衝突率は高いはずだ。多くのスイングのスロー画像を注意深く見ると理解できる。(29ページを参照)

球持ちが良い?

良い投球をして結果が出ている時に、誉め言葉としてしばしば言われる。いくら考えても意味不明である。セットポジション時、投球動作の始動から終わりまでの所要時間は、できるだけ短い方が良いに決まっている。でないと楽に盗塁を許してしまうからだ。投球モー

ションにおいて、ボールを長く持つことと速い腕振りは、相反することで矛盾している。察するに、細身で長身の体型、腕が長い投手のフォームから受ける印象でしかないように思える。

攻めの投球は野手の正面に飛ぶ？

これも単純な思い込みである。まずは攻めの投球の意味が曖昧に過ぎる。投手の攻め方は皆それぞれである。速球を中心に投げることなのか、インコースに多く投げることを言うのだろうか。正面に飛んだのは偶然でしかない。三遊間を図ったように抜いた、とか、外野の前に運んだとかも偶然でしかない。3人の打者が連続で芯で捉えた速い打球が、全て正面に飛んで3アウトになることもある。それは単なる幸運でしかない。この投手は何回もつのだろう。早めにリリーフ投手の準備をすべきだろう。野球ゲームの諸現象のうち、ほぼ3割は偶然が支配していると思うのは筆者だけだろうか。

ストレートは変化しない?

ストレートつまり直球だが、オーバーハンドでの投球では上向き回転が生じる。サイドスローでは横回転になり、いわゆるシュート回転になるので横に曲がる。上向き回転だから直球は上への変化になるのだが、重力の作用で打ち消されて、現実には浮き上がることはない。だが投球によっては、自然放物線より約15センチ上の軌跡を描くので、打者には浮き上がったように見える。つまり直球ではなく上に曲がる変化球といえる。この高めの直球に対して、打者は一様にボールの下側を振っている。もちろんある速度以上でないと、浮き上がる量が足りないので、打者に見極められて痛打されることになる。

打撃フォームの分析写真?

打撃フォームの分析で、コマ撮り写真がよく使われる。多くは上手く打てた時の分析である。コマ毎にあれこれと理由付けが述べられる。膝が、腰が、肘が、と細かく指摘される。だから上手く打てた、との解説は

正当なものだろうか。掲載される写真は、無数の素材から選ばれた、一つのケースでしかない。デジタルカメラに変わって以後、経費が掛からないので、多くの写真が撮られるようになった。多くのコマドリ写真を見比べたが、同一選手でさえ、1打毎にそのフォームは異なっているのだが……。

インハイで起こしてアウトローへ?

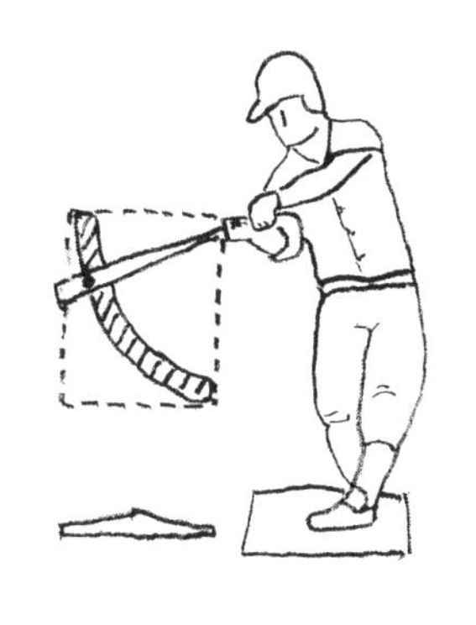

投手の配球でしばしばいわれる定説だが、打者の思考力はそれほどに単純だろうか。逆にインハイの次はアウトローと分かっているのならラッキーだろう。ただ図のように、インハイはバットの根本に、アウトローは先気味に当たりやすい。つまりどちらも芯から遠く外れた衝突なので、凡打になりやすい。インハイとアウトローにコントロール良く、この2か所に投げることが出来る投手は、やはり優れた投手ということだ。

ゴロは身体の正面で？

内野ゴロの捕り方でよく使われる。しかし正面に入ることが難しい打球コースなのに、無理やり入ろうとして失敗するケースもよくある。内野手（ファースト以外）は右利きがほとんどなのは、身体の右サイドで捕球することで、身体を捻ることになり、ファーストへの送球が速く出来るからだ。無理やり正面に入ると、態勢が崩れやすくなり送球が遅れ気味になる。結果慌てて暴投になる可能性もある。

現実には正面に入れる打球より、それ以外の方がむしろ多いと思う。正面に入れ、を勧める理由に身体で止めることが出来るからだという。確かにイレギュラーしてボールが高く弾んだとき、胸か顔で止められるかもしれない。逆に低く変化したゴロをトンネルした時、腰が高いと言われる。どんな名手でも、間近でのイレギュラーには反応出来ないので捕れない。

身体が開く？

打撃フォームでもっとも多く言われる定説だ。しか

しスイングは捻った身体を戻すことで速度を得る。一連の動作の最後にバットが出てくるわけだが、身体の中心である腰が、適正なタイミングより速く投手側に向くことが、“開く”の意味だろう。開くのが遅れても駄目、速くても駄目、その差異は0.1～2秒でしかない。ジャストタイミングのスイングは、簡単ではないはずだ。ここに打者の能力の差が出てしまう。僅かなタイミングのずれを吸収する柔軟性が求められることになる。

名打者だった落合氏のバッティングで、身体はレフトに向いているが、バットを残してズレを吸収し、腕だけでスイングしながら捉えて、ライト方向へ好打していた。

インパクトまでボールを見る？

打者のＩＰは、投球の最も速く感じる位置、つまり真横を通過する辺りになる。テニスも卓球も同じだ。球が近づく程、見た目より加速を感じるのは角度当たり速度が上がるからだ。新幹線が接近する様を考えればイメージしやすい。そして人の視力はそれ程には優れていない。テレビや映画のコマ撮り写真の連続のなかの一枚は、確認できないのだ。ちなみに、ボールがバットに当っている瞬間を見た人は、絶対にいない。たとえ緩い投球であっても見えないのだ。

フォロースイングで飛ばす?

ホームラン等の打球結果を見て、褒める表現である。打球結果は、ＩＰまでで決定される。悪いミートの後にいくらフォローを大きくしても全く意味がない。またフォロースイングはし難い。フォロースイングで押し込んだ、なんて表現もあるが、何せボールとバットの接触時間は1000分の1でしかないのだから、押すなんて動作は物理的に不可能だ。合理的なミート、芯点に近いミートであれば、バットのエネルギーはボールに負けないから、自然とフォロースイングが発生することになる。あたかもフォロースイングで飛んだかに見えるだけである。

当てにいくな、振り切れ?

これは打撃の永遠のテーマの一つである。強振する、つまりバット速度が大きいほど速い打球になるのは当然だ。ただしミートが良ければである。ミートが悪い者ほど、強く振らないと飛ばない、と思い込んでしまうようだ。自力だけで飛ばそうと思いこむほど、増々強振する。すると増々捉え難くなる。もっとも当てやすいのはバントである。このことからバット速度が上がるほど、ミートが悪くなるのは自然な摂理だ。

大リーガーに多いタイプだが、打率が2割台前半でホームランが15本程度の選手だ。これは観客が求める野球の質が異なるのだから仕方ないのだろう。正反対の好例がイチロー氏だ。彼のバット速度は決して速くない。それでもミートの質が高いから、ホームランも生まれる。だが彼の狙いはホームランではない。できるだけ狭い角度（上下）に打ち出すことだったと思う。偶然に上35度で良いミートで捉えた時、ホームランになったのだろう。

気力が大切？

気持ちとか気力とかを、どのように評価するのかが分からない。表現するか否かは気質である。スポーツを精神論で語るのは何か虚しい。例えば投手についての解説で、1球ごとに声を発し、汗を飛ばしながら厳しい表情で投げる力投派の投手に対して、「今日は気力が充実してます」「ボールに気持ちが乗ってます」と結果が良い間は褒め讃える。ところが一旦打たれ始めると手の平を返したように、「力み過ぎ」となる。どちらにしても結果をみてからの解説だから説明でしかない。筆者には、気力充実と力み過ぎの見分け方が分からない。

外野フライは最低限の仕事？

ランナー3塁の時、外野への犠牲フライで得点できた際に、当然の出来事であるかのようにいわれる。本当に外野フライは意図して打てるのだろうか。意図出来るのなら外野手の間に打てばより良いし、外野手の前に落とすべきだろう。打球結果の約3割（筆者）は

偶然でしかないと思う。

流れが……？

このワードほど、あらゆる対戦競技で言われるものはないかもしれない。一体、流れ、とは何だろう。なんとなく聞き流している。チャンスにライナーが正面に飛び、ダブルプレーになった折に、流れが変わった、ともいう。筆者は、優勢か劣勢かでしかないと思うのだが。何か人が介入できないもの、神的なものが決めること、かのように聞こえる。言わずもがなの解説モドキの気がする。

自分のプレイができたら？

自分の投球が出来たら、自分の打撃が出来たら巧くいく、という意味だろうが、当たり前のことだ。全ての対面競技は、如何に相手の余裕度を奪うか、追い込むか、苦しめるか、でしかない。投手は如何に凡打にさせようか、打者は如何に良いスイングでボールを捉えるかを努力する。もし自分のプレイが出来ている二人が、対戦したらどうなるのだろう。矛盾、盾と矛の喩えでしかない。

ヘッドアップは駄目？

投球にタイミングが合わなくて、空振りしたり凡打の時によく言われる。ヘッドアップしたのは結果であって、凡打の原因ではない。多くの場合は、打者の予測よりボールが遅くて、待てない結果、身体が前のめりになり、顔が上を向いたかに見えるのを、ヘッドアップと言うのだろう。ヘッドアップが駄目なのでなく、何故そうなったかを語るべきだろう。

ファインプレー？

難しく見える打球を、上手くプレイした時に言うのだが､難しい打球の定義は意外に怪しい。厳密に言うと同じ打球は二度生じない、というのが筆者の理念だから、同一野手のプレイに限っても、評価のしようがな

いことになる。もともと守備範囲の狭い選手だと、プレイが難しそうに見えて、ファインプレーとなることもある。また股間を抜けた打球、トンネルとも言うが、その原因として言われるのが、腰が高かった、である。打球のバウンド状況に合わせた態勢でボールを待つはずだ。高めのゴロバウンドでは、腰位置は高くなるのは自然だが、最後のバウンドが予測より低くなった時に股間を抜ける。特に多いのが、ハーフバウンドが低くイレギュラーした時に、反応が遅れてトンネルとなる。単純に腰が低ければそれで良いのではないと思う。

低めの投球はゴロになる?

投手の第一原則として、低めに投球を揃えなくてはならない、と言われる。ＩＰ（インパクトポイント）が低ければ、長打が生まれ難くて、結果内野ゴロが増えるという。低めに集めてもバットの上側に当たれば、フライになるしホームランにもなるはずだ。低めにコントロール出来る投手は、それだけでなく、内外と上下のコースも投げ分け、尚且つ変化球でもコントロール出来るのだろう。結果としてゴロが多くなったのではないだろうか。

頭が動くと目線も……？

打撃フォームでよく指摘されることだが、ちょっと怪しい。頭だけを動かすのは奇妙だから、多分体軸(脊椎)も動くのだろう。まさか上下に動かす者はいないだろう。目線が水平に動くと、ボールを捉え難くなるのだろうか。スロービデオ等でチェックしてみると、多少の差はあるが動いている。しかも左右にも前後にも動いている。決して上下ではない。理想のフォームでの素振りや、トス打ちでは動かない。それとの比較で指摘するのだろうか。動くのは投手の悪意に対応するための、無意識の動作だと思う。

効率的練習

成果＝質×量

今更だが野球の技術とは、ボールを投げる、バットで打つ、グローブで捕る、だ。これら投打捕の動作を、意識的に行うレベルから、感覚的な動作レベルにまで、いかに効率よく同化させるかが、以下に書く練習方法の意図である。

まず当然のことだが、できるだけ多く三つの道具に触れること、つまり体験量だが、このことに関しては異論はないと思う。しかし時間と体力には自ずと限りがある。そこで気力主義、精神主義を強調すると、オーバーワークになりがちで、怪我の原因にもなり、かえって成果は得られない。また高校までの練習時間は規則で制限されている。似通った練習時間のなかで、如何に成果を高めるか、そのためには、自ずと質を見直すしかない。

一般的練習

意外に気付いていないことだが、どんな練習でも、実行することで何らかの成果を得られるのは当然だと思

う。特に成育過程にある者にとっては、その都度成果を実感し、達成感を持つだろう。問題なのはその成果が他者に比べて優っているのか、さらにいうと自分にとって最適な成果なのかを、自問することが重要だ。

一般的な練習内容をみると、不合理で不効率だったり形骸化したものが多い。例えば100本ノックという守備練習、ふらふらになりながらボールを必死で追う。この状態で何が育つのだろうか、精神力とか忍耐力とかだろう。突然飛んでくる打球に対する判断力と瞬発力の育成には、何らの効果もないだろう。また正しいと教えられているフォームでの素振りの反復。基礎体力造りが名目の長距離走などは、野球では瞬発力が重要だから、あまり意味がないと思う。それに走っている時間は野球技術とは全く無関係だ。

少しリアルなシートノックでも、各守備位置で複数人が順番を待つ。全員にプレイが一回りするまで、突っ立って声を発しているだけだ。ダイヤモンドでの守備練習だから、少しはリアリティがある。これらのメニューが、他者と似たり寄ったりであれば差別化は難しい。結局量も質もほぼ横並びになるだろう。

適正なリアル度

ところで試合のリアル度を10とすると、シートバッティングはリアル度8程度か。緊張感を伴っている意味では効果は高い。しかし、チーム全員の持つ能力は不揃いなので、高過ぎるリアル度で一様に繰り返しても、人によっては過負荷になるだけで、意外に得られる成果は低くなる。チーム全員の自力を上げるには、各個人が8割程度に達成できるレベルのリアル度で、行われるべきだ。全員が一律に同レベルのリアル度で練習するのは、不効率だと思う。

柔軟な思考

チーム競技だから、チーム全員に成果を与える必要があることは前記した。各個人の現在能力には差異があるはずだから、同一のメニューを同じレベルで、定例的に練習するのは不効率である。喩えると、まだ加減算が不十分な者に、二次方程式をやらせるようなことだろう。

以下に示す練習方法は、基本になる考え方が、従来

の練習論とは根本的に異なるので、違和感があると思う。意図を充分に理解してほしい。

1　何を育てるのかを本人が理解すること。

2　自主的に練習レベルを演出する意識をもつこと。

そして楽しみながら練習に集中できるようになれば、効率は確実に上がる。練習は辛いもの、考えるな、悩むな、身体で覚えろと、思考力の成長を阻害してはならない。脳力、つまり思考力、判断力を育てることも練習の大きな目的だ。気力と精神主義中心の時代は過去のものだろう。これからの練習内容は、自主的で創造的であるべきだと思う。

投、捕、アップ

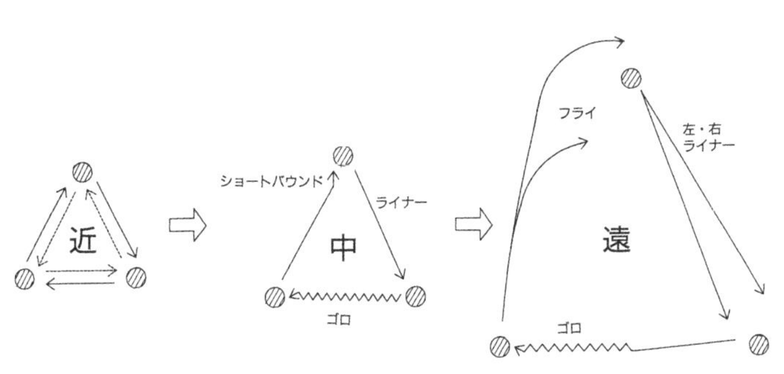

ウオームアップ+投げる+走る+捕る

イ）キャッチボールだが、アップも兼ねてルーティンの練習として、1体1で行われるのが普通だ。従来のオーダーは相手の胸辺りへ、相手が右利きなら右胸を狙って素早く投げるのが普通だ。これは投の練習にはなるが、捕者にとっては易しすぎる。

発想を変えて、捕り難い球を互いに投げ合えば、捕者の練習効果も上がる。意図して捕り難い位置に投げる能力は、胸を狙って投げる能力と同等に精度が必要である。悪送球の癖が付く、などと非難する指導者がいたら虚しい。投者は相手の左右前後に、ゴロでもフライでも、難しいショートバウンド、ハーフバウンドも混ぜる。

ロ）3人、4人ユニットで同様の意図で行う。互いの距離を徐々に大きくしていく。また捕球できなくて後逸した場合は、走力を付けるためのダッシュ練習と考えて全力で追う。

投、打、捕

イ）1対1、適切な距離で投打捕を行う。通称ペッ

パーと呼ばれる練習だ。打者はノーバウンドかワンバウンドになるよう投者に打ち返す。フライは避ける。打者のレベルに応じて、投者は適正に難易度を変える配慮が大切。目安として、打球の打ち出し角度幅が、上下20度以内で、10球中7、8球が達成できるレベルが適正だ。

ロ）1対2、投者2人からの投球角度が異なるため、打者は打点を工夫する必要がある。3人でローテーション。

ハ）1対3、4、5人程度、投者と打者の距離を適切に取る。あくまで投者はコントロール重視で、打者のレベルに合わせる。少し長めのペッパーと考える。ここでも上下20度内に打ち出すこと。

限られたグラウンドの広さを、移動ネットで安全に配慮して適切に区切れば、多人数が三つの野球動作（投打捕）を多く体験できる。この段階的ペッパー練習の最終形が、シートバッティングと考えてほしい。留意点は段階的にリアル度を上げることで、全員が適正な成果を得ることが出来るように配慮することだ。

全ての投球、打撃、捕球は、一球一会、つまり全て異なる動作で行わざるを得ないので、柔軟な打撃感覚を育てるのが目的だ。仮にゲーム形式でのリアル度を10とすると、上記のペッパー的練習は、1～6程度かもしれない。しかし全員の体験数と質から得る成果は大きい。

通常の打撃練習では、できるだけフルスイングして、10点満点を出そうとする傾向がある。打撃の安定度はどうすれば上がるか、つまりミートの平均精度を上げれば、強打でも好打でも、将来の打撃能力の核になると考えてほしい。

トス（投者）出しの工夫

一般的なトス出しの意図は、できるだけ打者が簡単に打てるように出すことだ。ここでの練習意図は、適切なリアリティを演出することだから、投者は球速の差と位置の差を調節して、容易に打撃をさせないよう演出することが重要だ。

近くからのトス打撃のときは、投者の安全を確保したうえで、トスのコース、高さ、速さを予告なしにランダムに変える。トスの到達時間を、大よそ0.3～0.5秒の間で変化を付けるのが大切だ。各打者の現在能力

に合わせた難易度で、トス出しをすることで、より高い練習効果が得られる。

バットの選択

バットの選択では、形状、重さが大切だ。規定範囲のなかで、太目か細目、形状ではグリップ側が細く先を太くか、その差を小さくした棒状のものとの選択もある。だが最も優先すべきは重さだろう。一般的により重いものにする傾向があるのは、球威に少しでも負けたくない願望だろう。重さは各自の腕力と目指している打者タイプを考慮すべきだ。ちなみにイチローは生涯60.5センチの極細を使用していた。既に重さが定まっていても、控えめに軽いバットを持つべきだろう。投手のタイプと自分の調子に合わるためだ。2ストライクまでとそれ以後とで交換することも可能になる。

＊球捉感覚育成のための、斬新な練習方法を御希望の方は、本著内容についての感想、質問、疑問を添えて、下記アドレスまでお問い合わせください。

杉浦栄次郎　mourisugonta@yahoo.co.jp

あとがき

陸上競技や水泳等､記録（数字）を競うスポーツ種目は、地球上（規定の条件下）であれば、何時何処で得た記録でも正に有効だから絶対競技、他のスポーツ種目は対面して相手と勝敗を争うので相対競技といえます。いずれの競技も、生活状況が豊かになると共にレベルが上がってきたし、今後一層加速される気がします。仮定の話ですが、打者ベーブ・ルースと投手大谷の対戦を真面目に考えても虚しいかもしれません。もしかしたらベーブ・ルースが簡単に大谷を打ち負かすかもしれません。永遠の謎です。

約100年の歴史である野球界、時代は変わっても、練習への基本的な考え方に大差はないようです。変えていく勇気より安全な世間並に、の考え方は日本人の気質故なのかもしれません。仮に誰かがどこかで従来と異なる練習方法を取り入れて良い結果が出れば、今の社会ではその方法は思うより早く普及するでしょう。その結果全体のレベルが徐々に上がり均一化して、ゲームの内容がより高度になるだけで、勝敗率に影響はないことになるのでしょう。ただ均一化していく過程の間だけは、先取したチームが良い勝率を得ることができるのかもしれません。この先取をする感覚こそが、チームリーダーや指導者には必要だと思います。個人的体験で獲得した大小の勲章だけを頼りに、正しさを押し付ける指導方法には、何か足りないものがあると思うのですが。

　これは野球に限らず、あらゆる分野で言えることかもしれません。先人が後人を育成する、つまり影響を与える際、相手は自分とは異なる感覚の他人であることを忘れてはいけないと思います。もちろん多くの指導者達は、球界の勝者としての自負心があるでしょうから、自信を持って指導をすることでしょう。ただ球界のなかだけで、自分の人格の殆どを作り上げてきたことも、自覚する必要があると思います。少し遠くから野球を俯瞰してみる意識も大事かもしれません。

インパクトアナリスト
杉浦栄次郎

杉浦栄次郎 インパクトアナリスト

野球&テニスアナリスト、元日本アメリカプロテニス協会認定インストラクター、指導歴40年、テニス月刊誌、月刊ベースボールクリニック誌、新聞、雑誌等に執筆。広島大学工学部中退、エリザベト音楽大学卒、元広島ギタリスト協会々長。広島市在住。
mourisugonta@yahoo.co.jp

芯野球論
打撃は0.2秒間の微修正感覚

2023年8月21日　第1刷発行

著　者　杉浦栄次郎（すぎうらえいじろう）

発行者　太田宏司郎
発行所　株式会社パレード
　大阪本社　〒530-0021　大阪府大阪市北区浮田1-1-8
　　TEL 06-6485-0766　FAX 06-6485-0767
　東京支社　〒151-0051　東京都渋谷区千駄ヶ谷2-10-7
　　TEL 03-5413-3285　FAX 03-5413-3286
　https://books.parade.co.jp
発売元　株式会社星雲社（共同出版社・流通責任出版社）
　〒112-0005　東京都文京区水道1-3-30
　TEL 03-3868-3275　FAX 03-3868-6588
装　幀　藤山めぐみ（PARADE Inc.）
印刷所　中央精版印刷株式会社

ISBN 978-4-434-32494-9 C0075